이야기대화식 책별 성경연구 » 신약

SERIES

이대희 지음 │ 바이블미션 편

요한계시록 1

(요한계시록 1~10장)

KB206266

엔크리스토
ENCHRISTO

그리스도인이라면 누구나 한 가지 소망이 있습니다. 그것은 성경 66권을 공부하는 일입니다. 이 일이 쉽지는 않지만 누구나 한 번쯤 도전하고 싶을 것입니다.

성경을 공부하는 방법으로는 보통 주제별, 제목별, 개관별 등의 방법이 있지만, 성경공부의 진수를 맛보려면 책별 성경공부 이상 좋은 것이 없습니다. 새롭게 편성하여 주제를 맞추어 공부하는 것보다는 성경 자체를 가감 없이 공부하는 것이 더욱 필요합니다.

이런 의도에서 필자는 엔크리스토 성경대학을 통하여 수강생들과 함께 수년 동안 책별로 매년 한 권씩 연구해 나가고 있습니다. '이야기대화식 책별 성경연구 시리즈'는 그동안 성경대학에서 워크숍을 통해 함께 연구한 것을 토대로 다시 정리하고 펴낸 시리즈입니다. 탁상에서 집필한 것을 현장에서 사용함으로써 피드백을 거친 정통한 시리즈입니다. 어려운 작업이지만, 성경 66권 모두를 연구하고 펴낼 수 있기를 기도합니다.

성경을 공부하는 것은 영적 성장에 있어서 대단히 중요한 일입니다. 설교를 듣는 것으로는 영적 성장에 한계가 있습니다. 신앙의 홀로서기를 위해서는 개인적인 성경연구와 소그룹을 통한 성경공부가 필수입니다. 어느 한쪽으로 치우치지 않고 균형 잡힌 신앙, 즉 하나님이 원하시는 온전한 신앙으로 자라기 위해서는 성경 자체를 공부해야 합니다.

그동안 한국 교회에서는 주로 강해설교를 통해 성경공부를 했습니다. 그러나 이제는 한 걸음 더 나아가 성도들이 그룹으로 성경 본문 자체를 연구하면서 스스로 성경을 보는 눈을 키워야 합니다. 이를 위해서는 누구나 여행하는 마음으로 성경 속으로 들어가 공부할 수 있는 책별 성경공부가 필요하다는 생각이 들었습니다. 그래서 한국 상황에 맞는 이 시리즈가 탄생하게 되었습니다.

성경을 점점 더 멀리하는 이 시대이지만 주님께서는 성경을 통해 믿음이 다음 세대까지 전수되고 말씀을 통해 주님의 제자가 세워지기를 간절히 원하십니다. 저 또한 이야기대화식 성경연구 시리즈가 말씀을 회복하는 일에 쓰이기를 원합니다. 본 교재를 통해 성경의 참맛을 느끼고 말씀의 재미를 경험한다면 이보다 더 의미 있는 일은 없을 것입니다.

그동안 많은 분들이 이야기대화식 성경연구 방법을 현장에 적용하면서 성경을 보는 눈이 열리고 말씀을 재미있게 보게 되었다고 고백하고 있습니다. 이 교재를 사용하는 분들에게도 같은 은혜가 있기를 기도합니다. 말씀을 나누는 각 교회 현장에서 성경이 살아나고 영혼이 살아나며 교회와 가정과 이웃과 민족이 생기를 얻는다면 이보다 더 좋은 일은 없을 것입니다.

말씀을 통한 새 역사를 꿈꿉니다. 또 말씀이 동력이 되어 교회와 개인의 신앙이 성장하기를 소원합니다. 우리의 모든 삶은 세상적인 경험이나 사조, 유행이 아닌 말씀에서 나와야 합니다. 모든 것의 근원인 말씀에서 삶과 프로그램이 나온다면 그것이야말로 말씀의 성육신을 이루는 삶이라 할 수 있습니다. 이야기대화식 책별 성경연구 시리즈가 말씀의 생활화를 이루는 초석이 되기를 기도합니다.

성서사람 · 성서교회 · 성서한국 · 성서나라가
이루어지는 그날을 꿈꾸며
이 대 희

1 성경 전체 66권을 각 권별로 자유롭게 선택하여 사용할 수 있는 성경공부입니다.

2 드라마를 보며 여행하는 재미를 경험하는 내러티브 성경공부입니다.

3 모든 세대(중등부~장년부) 누구나 참여할 수 있는 총체적 성경공부입니다.

4 이야기와 대화를 사용하는 소그룹, 셀그룹, 구역 등에 적합한 성경공부입니다.

5 다양한 상황(성경강해, 기도회, 성경공부 모임)에 응용할 수 있는 성경공부입니다.

6 성경 전체를 체계적으로 연구할 수 있는 성경공부입니다.

7 장기적으로 신앙성장을 이루는 균형 잡힌 평생 양육 성경공부입니다.

8 귀납적 방법과 이야기대화식 방법을 조화시킨 한국 토양에 맞는 성경공부입니다.

9 말씀의 능력을 체험하면서 삶의 변화를 이루는 역동적 성경공부입니다.

10 성경 속으로 누구나 쉽게 다가서며 말씀의 깊이를 체험하는 성경공부입니다.

11 영적 상상력과 응용력을 키워 주는 창의적 성경공부입니다.

차   례

1 책별 성경연구 시리즈는 연속극처럼 연결되는 맛이 있으므로 장면 장면이 서로 이어지게 하면서 하나의 이야기로 이끌어 가도록 합니다.

2 어떤 사상이나 교리보다는 성경 말씀 자체를 사랑하며 말씀이 나를 보도록 하고 오늘 나에게 주시는 음성을 듣는 데 초점을 맞춰야 합니다.

3 교재에 너무 의지하기보다는 교재에 나와 있는 질문을 중심으로 각자 새롭게 상황에 따라 창의적으로 만들어 가면서 본문 말씀 안으로 들어가도록 합니다.(Tip은 먼저 보지 말고 이해되지 않을 때 참고)

4 성경을 연구하면서 점차 성경을 보는 눈과 능력을 배양하고 성경 안으로 깊이 들어가는 데 목표를 둡니다.

5 일방적인 강의보다는 소그룹에서 대화를 나누는 방식으로 그룹 활성화를 이루어 성경공부의 흥미를 유발합니다. (자세한 인도자 노하우는 《이야기대화식 성경연구》(이대희 저, 엔크리스토 간)를 참조)

6 성경책별의 유형을 잘 살펴서 그것에 맞는 특징을 살리면 더욱 성경공부가 흥미롭습니다.

7 책별 성경연구는 각 과가 장면 형태로 구성되어 있고 기존의 지식형 공부방법을 탈피하여 드라마나 영화 장면을 보는 것처럼 입체적 상상력을 갖고 성경을 공부하는 방식입니다.

8 각 과가 진행될 때 해당하는 과를 모두 마쳐야 한다는 중압감을 벗고 상황에 따라 과를 두 번에 나누어 진행하는 등, 성령의 인도에 따라 자유롭게 하는 것이 좋습니다.

그리스도인 이라면 누구나 갖는 한 가지 소망 ……
이 한 권에 담긴 **이야기**의 소망 ……

Narrative

요한계시록 1

요한계시록

1. 요한계시록의 정황

창세 이후부터 인간은 하나님이 주인되심을 거절하며 자기가 하나님을 대신하려 했습니다. 대표적인 예가 세상의 임금들입니다. 힘과 권력을 가진 세상의 임금은 자기 스스로 신이라 칭하면서 신의 지위를 누렸습니다. 그리고 하나님의 백성을 핍박했습니다.

요한계시록을 쓴 당시는 로마가 세계를 지배한 시대였습니다. 로마 황제(도미티안)는 신이라 칭함을 받으면서 신의 지위를 누렸습니다. 그 속에서 기독교인들은 고난과 죽음을 당했습니다. 요한계시록은 이런 상황에서 세상의 중심이 세상의 왕이 아닌 예수 그리스도임을 증거하고 있습니다. 소아시아에 있는 일곱 교회에게 오직 예수 그리스도를 믿고 의지해야 함을 강조하고 있습니다. "두려워 말라. 나는 처음이요 나중이니"(계 1:17)는 요한계시록의 핵심을 이루는 구절입니다.

〉〉 요한계시록의 저술 시기

AD 90년과 100년 사이에 기록된 것으로 간주합니다. 이 기간은 예루살렘 성전이 로마에 의해 파괴된 시기입니다. 요한계시록은 성전이 파괴된 정황을 전제로 읽어야 합니다.

>> 요한계시록의 저술 의도

요한계시록은 독자들로 하여금 하나님이 혼돈과 악의 세력에 대하여 궁극적인 승리를 거두게 된다는 확신과, 하나님이 역사의 주관자가 되심을 강조함으로써 성도들로 하여금 부조리한 현실에 대항하여 싸울 것을 격려하고 있습니다. 불의한 세상과 타협하지 말고 저항하면서 살아갈 것을 권면하고 있습니다. 저자는 어린양의 삶의 방식을 따라 사는 믿음 공동체를 추구하고 있습니다.

또한 요한계시록은 개인을 위한 권면이 아닌 신앙 공동체 전체를 위한 메시지입니다. 로마의 정권(도미티안 황제)에 저항하면서 현실적 어려움을 인내로써 이겨낼 것을 강조합니다. 어린양의 길은 눈에 보이기에는 패배한 것 같지만 궁극적으로는 참된 승리의 길입니다.

>> 요한계시록의 저술 방식

요한은 명제적 사고와 서사적 사고 가운데 후자를 선호하고 있습니다. 요한계시록에 등장하는 이미지, 상징, 환상, 비유, 묵시적 묘사들은 서사의 요소를 갖추고 있습니다. 직접적인 명제적 선포의 방식보다는 공동체의 상상력에 주의를 환기시키면서 새롭게 세상을 바라보게 하는 데 관심을 두고 있습니다. 즉 거짓된 현실의 세계를 폭로하고 아울러 미래의 새로운 세계의 비전을 서사적으로 제시하고 있습니다.

믿음의 공동체는 힘이 아닌 예배를 통하여 이루어집니다. 요한계시록에 나오는 경배와 찬양과 예배에 대한 것은 세상의 제국이 예배의 대상이 될 수 없고 오직 하나님에게만 예배해야 함을 말합니다.

>> 요한계시록 읽기 방식

1. 요한계시록은 성도들에게 심판에 대한 두려움을 갖게 하기보다는 오히려 고난당하는 하나님의 백성들에게 소망과 위로를 주기 위한

책입니다.

2. 우주적 종말에 대한 청사진을 제시하려고 하는 것이 아니라, 종말이 누구의 손에서 이루어지는가 하는 것에 초점을 두고 읽어야 합니다.

3. 복음의 메시지로 읽어야 합니다. 예수 그리스도의 죽음과 부활이 요한계시록의 중심 메시지입니다. 요한계시록은 그 중심이 종말론에 있기보다는 기독론에 있습니다.

4. 요한계시록은 하나님이 역사를 통치하시고 예수 그리스도를 통해서 완성하신다는 메시지가 전체에 흐르고 있습니다. 이렇게 전체적으로 보면 요한계시록은 매우 쉽고 명료합니다. 그러나 세부적으로 보면 내용이 난해합니다. 그것은 다양한 해석이 공존하고 그 정답은 하나님만이 알 수 있다는 전제가 필요합니다. 요한계시록을 읽는 독자는 늘 겸손한 마음으로 요한계시록이라는 거대한 산봉우리를 올라야 합니다.

>> 요한계시록의 구조

프롤로그(1:1-8)

―인사말과 요한계시록의 소개

도입(1:9-3:22)

―메시지 전체에 대한 토대(요한계시록 중심 메시지-예수 그리스도)

―승리하신 예수 그리스도(1:9-20)

―승리하신 그리스도가 일곱 교회에게 말씀하신 내용(2-3장)

본론(4장-16장)

―도입부: 하나님과 예수님을 소개(종말은 그리스도로 인하여 온다) (4-5장)

―중심부: 그리스도로 인하여 구속과 심판이 도래함(6-16장)

마무리(17:1-22:5)

—악한 세상/ 최종심판: 바벨론과 두 짐승과 쫓았던 자들(17:1-20:15)

—교회공동체/ 구속의 완성: 새 창조와 새 예루살렘인 교회공동체

　(21:1-22:5)

에필로그(22:6-21)

—인사와 마무리

〉〉 왜 비유와 상징을 통한 메시지를 사용했는가?

　요한계시록에는 상징과 비유가 많이 나옵니다. 그것은 귀 있는 자들은 듣게 하기 위함입니다. 강퍅한 자는 더 강퍅하게 하는 효과가 있습니다. 비유나 상징의 메시지는 하나님의 백성들과 그렇지 않은 자들을 더욱 극명하게 나뉘게 합니다. 예수님이 비유를 사용하신 방법도 동일합니다. (사 6:9-10; 마 13:9-17, 43)

2. 요한계시록 전체 조감도

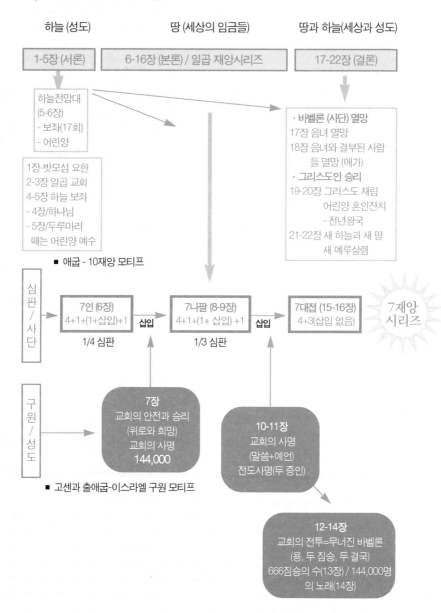

하늘 (성도)   땅 (세상의 임금들)   땅과 하늘(세상과 성도)

1-5장 (서론)   6-16장 (본론) / 일곱 재앙시리즈   17-22장 (결론)

하늘전망대
(5-6장)
- 보좌(17회)
- 어린양

1장-밧모섬 요한
2-3장 일곱 교회
4-5장 하늘 보좌
- 4장/하나님
- 5장/두루마리
떼는 어린양 예수

・바벨론 (사단) 멸망
17장 음녀 멸망
18장 음녀와 결부된 사람
들 멸망 (애가)
・그리스도인 승리
19-20장 그리스도 재림
어린양 혼인잔치
- 천년왕국
21-22장 새 하늘과 새 땅
새 예루살렘

■ 애굽 - 10재앙 모티프

심판/사단

7인 (6장)
4+1+(1+삽입)+1   삽입   7나팔 (8-9장)
4+1+(1+ 삽입) +1   삽입   7대접 (15-16장)
4+3(삽입 없음)

1/4 심판   1/3 심판

7재앙
시리즈

구원/성도

7장
교회의 안전과 승리
(위로와 희망)
교회의 사명
144,000

10-11장
교회의 사명
(말씀+예언)
전도사명(두 증인)

■ 고센과 출애굽-이스라엘 구원 모티프

12-14장
교회의 전투=무너진 바벨론
(용, 두 짐승, 두 결국)
666짐승의 수(13장) / 144,000명
의 노래(14장)

SCENE 1
희망과 위로의 메시지

| 성경 본문 | 요한계시록 1:1-20

본문은 예수 그리스도에 대한 내용으로 가득 차 있습니다. 교회의 주인이신 예수님에 대한 분명한 믿음은 고난을 이기는 힘이 됩니다. 지금은 고난 속에서 교회가 핍박을 당하지만 결국은 그리스도로 말미암아 승리를 하게 됩니다. 끝까지 주님을 의지하고 나간다면 그리스도인의 삶의 마지막은 승리하게 될 것입니다.

요한계시록의 핵심은 예수 그리스도입니다. 우리가 요한계시록을 연구할 때 예수 그리스도를 붙잡고 나가야 합니다.

말씀의
살핌

1. 요한계시록은 누가 어떻게 기록한 것입니까?(1-3)

_____

_____

2. 요한은 아시아에 있는 일곱 교회에게 편지를 하면서 예수 그리스도의 은혜를 전합니다. 요한이 전하는 예수 그리스도는 어떤 분이십니까?(4-8)

_____

_____

3. 요한계시록은 요한이 어디에서 누구에게 기록한 것입니까?(9-11)

_____

_____

4. 요한이 본 예수님에 대한 환상의 모습은 무엇입니까?(12-16)

1) 주변의 모습

_____

_____

2) 옷의 모습

_____

_____

3) 가슴의 모습

4) 머리와 털과 눈의 모습

5) 발과 오른손과 입과 얼굴 모습

5. 요한이 이런 주님의 환상을 볼 때에 어떤 모습이 되었습니까?(17)

6. 요한에게 주신 주님의 말씀은 무엇입니까?(18-20)

말씀의
깨달음

1. 소아시아에 있는 일곱 교회는 당시 로마의 지배 아래서 고통을 받고

있었습니다. 요한 역시 밧모 섬으로 유배당하여 요한계시록을 쓰고 있습니다. 예수님에 대한 신앙은 모든 것을 이기게 합니다. 본문에서 나오는 예수님의 모습을 정리해 보십시오.

Tip 예수님은 이전과 현재와 미래의 왕이십니다. 예수님은 태초부터 계신 분으로 땅의 모든 임금들의 머리가 되신 분입니다. 그리고 예수님은 알파와 오메가로 곧 전능하신 하나님이십니다. 예수님은 이 세상의 중심이 되신 분입니다.

2. 예언의 말씀을 듣고 읽고 지키며 기록한 사람은 복이 있습니다. 왜 말씀이 우리에게 축복이 되는지 그 이유를 말해 보십시오.

Tip 말씀은 곧 하나님이십니다. 하나님은 말씀을 통해 우리에게 계시되었습니다. 말씀을 가까이 하면 그는 곧 하나님을 가까이 하는 것입니다. 이런 면에서 당연히 말씀을 듣는 자와 지키는 자는 복을 받습니다.

1. 나는 말씀을 얼마나 듣고 읽고 지키면서 살고 있습니까?

2. 나는 예수님을 어떻게 이해하고 믿고 있습니까? 요한과 같이 주님을 만난 체험이 있습니까?

_____

_____

 내가 깨달은 영적 교훈과 삶의 적용

이런 교회, 저런 교회

| 성경 본문 | 요한계시록 2:1-11

요한계시록 2-3장은 일곱 교회를 향한 메시지를 담고 있습니다. 요한계시록의 중심은 예수 그리스도입니다. 그리고 이런 주님은 교회와 긴밀하게 연결되어 있습니다. 얼마나 주님이 교회를 사랑하는지 본문은 강조하고 있습니다. 에베소 교회는 이방 교회에 중요한 역할을 했으므로 첫 번째로 언급했습니다. 에베소는 아시아의 가장 큰 도시로 아데미 신전이 있었습니다. 도미티안 황제가 자신을 위해 건축한 신전입니다. 서머나는 195년에 최초로 로마 여신전을 건축한 곳으로 황제 숭배를 총괄하는 기능을 가진 도시입니다. 도시의 모든 부분은 황제 숭배와 관련되어 있었습니다. 황제 숭배는 경제적으로 부흥을 가져왔습니다. 서머나 교회는 이즈미르(Izmir)라는 이름으로 오늘날까지 남아 있는 유일한 도시입니다.

말씀의 살핌

1. 예수님에 대한 묘사를 말해 보십시오.(1)

2. 에베소 교회에게 전한 주님의 칭찬의 메시지는 무엇입니까?(2-3)

3. 에베소 교회가 잘못한 것은 무엇입니까?(4)

4. 에베소 교회의 잘못된 행위를 해결하는 방법은 무엇입니까?(5)

5. 에베소 교회가 잘하는 일은 무엇입니까?(6)

6. 어떤 사람이 성령의 말씀을 들을 수 있습니까?(7)

7. 이기는 사람에게 주님은 무엇을 주십니까?(7)

8. 예수님에 대한 묘사를 말해 보십시오.(8)

9. 서머나 교회는 지금 어떤 어려움을 당하고 있습니까?(9)

10. 고난을 당하는 서머나 교회에 주시는 주님의 위로의 메시지는 무엇입니까?(10)

11. 이기는 자에게 주님이 주시는 복은 무엇입니까?(11)

말씀의
깨달음

1. 요한계시록의 모든 교회 공동체에 "알다"라는 것은 칭찬 메시지에 적용됩니다. 교회를 향한 메시지에 동일하게 적용되는 것으로 칭찬이 먼저 나오고 다음으로 책망이 나옵니다. 신앙에서 "앎"은 어떤 의미가 있습니까?

_____

_____

2. 좋은 믿음은 첫사랑을 끝까지 유지하는 것입니다. 에베소 교회가 가졌던 처음 사랑은 무엇입니까? 그리고 에베소 교회가 첫사랑의 감격을 잃어버린 이유는 무엇입니까? 끝까지 충성하는 것이 왜 어렵습니까? (참고. 요일 2:9-10, 4:16)

_____

_____

3. 에베소 교회는 진리만을 고집한 채 첫사랑을 잃어버렸습니다. 사랑이 빠질 때 진리는 어떻게 됩니까? 이것의 문제점을 말해 보십시오.

_____

Tip 믿음은 첫사랑을 잊어버릴 때 식어 버립니다. 첫사랑은 우리를 구원해 주신 주님의 은혜입니다. 믿음은 그 힘으로 살아가는 것입니다. 하나님이 처음에 나를 구원해 주신 그 사랑을 늘 감격하며 그 힘으로 살아갈 때 교회는 위대한 힘을 발휘할 수 있습니다. 교회의 시작은 주님이십니다. 그리고 교회의 마침도 주님이십니다.

4. "귀 있는 자는 들을지어다"라는 의미는 무엇입니까? 하나님은 왜 진리를 모두가 들을 수 있게 하지 않았습니까?

5. 서머나는 경제적으로 부유한 도시임에도 불구하고 서머나 교회는 왜 환란과 궁핍을 당했습니까? 그럼에도 부유한 자라고 칭찬했는데 그것은 어떤 부유함입니까?

6. 서머나 교회와 빌라델피아 교회는 책망과 경고가 없습니다. 에베소 교회와 다르게 서머나 교회는 외적으로는 초라한 교회였습니다. 그럼에도 서머나 교회를 주님이 칭찬하신 이유는 무엇입니까?

7. "10일 동안 환란을 받는다"는 의미는 무엇입니까?(참고. 단 1:12-15)

4. "죽도록 충성하라" 에서 충성(신실함)은 무엇에 대한 신실함인지 말해 보십시오.

Tip 여기서 신실함은 사람이 아닌 하나님 앞에서 신실함을 의미합니다. 외적인 모습이 아닌 영적인 보이지 않는 본질적인 것을 말합니다. 당시 서머나 교회 감독 폴리캅은 황제 숭배를 거부해서 순교를 당했습니다. '생명의 면류관' 은 소유격으로 생명과 면류관은 같은 의미입니다. 면류관은 은유법으로 영생이 곧 면류관임을 말해 줍니다. 흔히 생각하는 또 다른 상급과는 거리가 있습니다. 11절의 둘째사망과 생명의 면류관은 동일한 의미입니다.

1. 나는 주님과 나눈 첫사랑을 지금 얼마나 유지하고 있습니까?

2. 나는 외적인 신앙생활을 하지 않습니까? 외적으로 화려하고 보기 좋은 것을 좇는 신앙은 아닌지 점검해 보십시오. 본질을 좇는 신앙생활을 위해서 내가 가져야 할 점은 무엇입니까?

내가 깨달은 영적 교훈과 삶의 적용

SCENE 3

칭찬과 책망을 받는 교회

| 성경 본문 | 요한계시록 2:12-29

버가모 교회와 두아디라 교회

버가모는 소아시아에서 로마제국의 통치를 효과적으로 행사하기 위한 중심 교두보였습니다. 황제 숭배지로 잘 알려져 있는 곳으로, 다양한 신들을 섬기는 신전들이 많은 중심지였습니다. 사단의 통치가 강력하게 시행되는 곳이 었습니다. 이것은 교회 공동체에 큰 압력이 되었습니다. 당시 로마 사람들로부터 그리스도인들은 무신론자로 여겨졌습니다. 두아디라는 군사적 요충지로서 외세의 많은 침략 때문에 1세기까지는 평화를 맛볼 수 없었으나, 후에 상업과 제조업을 중개하는 무역의 통로가 되면서 경제적으로 상당한 번영을 누렸습니다. 두아디라에서 숭배하던 신은 제우스의 아들, 태양신 아폴로였습니다.

말씀의
살핌

1. 버가모 교회가 칭찬받은 점과 책망받는 점을 말해 보십시오.(12-15)

2. 회개하지 않으면 어떤 일이 닥칩니까?(16)

3. 이기는 자에게 주시는 축복의 말씀은 무엇입니까?(17)

4. 이미지로 표현된 예수님의 모습을 말해 보십시오.(18)

5. 두아디라 교회의 칭찬할 네 가지 행위들은 무엇입니까?(사업은 '행위들'의 뜻)(19)

6. 두아디라 교회가 책망받을 문제점은 무엇입니까?(20-21)

7. 회개하지 않으면 하나님은 어떤 심판을 하십니까?(22-23)

_____

_____

8. 두아디라 교회가 이세벨의 유혹에 넘어간 가장 큰 이유는 무엇입니까?(24)

_____

_____

9. 회개하고 끝까지 믿음을 지키면 주님은 두 가지 약속을 주신다고 했습니다. 어떤 것인지 말해 보십시오.(25-29)

_____

_____

말씀의 깨달음

1. 왜 버가모 교회는 순교자인 안디바와 같은 사람이 있었음에도 불구하고 발람과 니골라 당의 교훈을 좇는 상황이 되었습니까?

_____

Tip 진리와 사랑은 같이 가야 합니다. 진리가 빠진 사랑은 위험하고, 그런 사랑은 거짓된 것을 사랑이라는 미명 아래 용납할 수 있습니다.

2. "내 입의 검으로 그들과 싸우리라" (16절)는 말씀은 어떤 의미입니까?(참고. 민 22:23, 31, 33)

Tip 거짓된 것은 교회를 부패하게 만듭니다. 교회가 자기 스스로 거짓을 처리하지 않으면 하나님이 나서서 거짓 교사들을 심판하십니다.

3. "만나"와 "흰 돌"과 "새 이름"은 무엇을 의미합니까?(참고. 사 62:2, 65:15; 계3:12, 14:1, 22:4)

Tip 만나는 하나님의 공급하시는 진리의 말씀을 말합니다. 흰 돌은 주님과 온전한 연합을 의미하며 예수님의 혼인 잔치에 초청받는 초청장과 같은 것입니다. 교회 공동체가 '새 이름을 받는다'는 것은 그리스도의 이름을 받는다는 것으로, 마지막 때에 그리스도께서 이루신 그의 나라에 동참하는 것을 의미합니다.

4. 두아디라 교회는 이세벨과 같은 거짓 선지자를 용납했습니다. 결국 그들은 교회를 부패하게 하여 잘못된 가르침에 몰입하는 제자 그룹이 생겼습니다(그녀의 자녀들). 이런 교회의 어려움을 해결하기 위해서 교회는 무엇을 해야 합니까?

Tip 교회는 주님의 마음과 뜻을 살피는 일을(23절) 계속해야 합니다. 하나님은 불꽃같이 우리를 살피고 계십니다(18절). 말씀과 기도는 주님의 뜻을 맞추는 것과 연관이 있습니다.

5. 두아디라 교회를 힘들게 했던 '사단의 깊은 것' 은 무엇입니까?

_____

Tip 사단에 대해 피상적으로 배우는 것이 아닌 사단에 적극적으로 집착하는 이세벨을 따르는 악한 무리들이 하는 일을 말합니다.

6. 좋은 믿음은 첫사랑을 끝까지 유지하는 길입니다. 에베소 교회가 첫사랑의 감격을 잃어버린 이유는 무엇입니까? 끝까지 충성하는 것이 왜 어렵습니까?

_____

Tip 하나님에 대한 열정이 사라지는 것은 세상의 악과 타협하기 때문입니다.

7. 두아디라 교회에는 네 가지 그룹이 존재한다고 볼 수 있습니다. 첫째 이세벨 자신(20절), 둘째, 이세벨의 가르침을 따르는 자들(23절), 셋째 잘못된 가르침에 아직 깊이 빠져 있지 않은 자들(24절), 넷째 거짓된 가르침을 철저히 거부하는 자들입니다(16절). 이것을 통해 발견되는 영적 교훈은 무엇입니까?

_____

Tip 지금 교회 속에서도 이런 사람들이 존재할 수 있습니다. 교회의 터는 진리입니다. 진리가 무너지면 교회는 타락합니다.

8. "새벽별을 주리라" 는 의미는 무엇입니까?(참고. 계 5:10)

Tip 새벽별은 다윗의 뿌리인 메시야 직분과 통치를 가리킵니다. 별과 홀은 같은 의미입니다.(민 24:17; 계 22:16)

1. 나의 신앙 행위는 지금이 처음보다 낫습니까? 아니면 지금이 처음보다 못합니까?

2. 우리 안에 발람과 니골라당과 이세벨과 같은 모습이 있는지 말해 보십시오.

3. 나는 두아디라 교회에 있는 부류 중에 어떤 부류에 속합니까?

내가 깨달은 영적 교훈과 삶의 적용

살아 있으나 죽은 교회

| 성경 본문 | 요한계시록 3:1-6

사데 교회

사데는 아시아에서 가장 찬란한 역사를 지닌 도시입니다. 주전 1200년 경에 세워진 부요하고 강력한 리디아 왕국의 수도였습니다. 특별히 사데는 그곳에서 나는 금으로 전설적인 부의 상징이 된 도시였습니다. 그러나 주후 17년에는 엄청난 지진이 일어나 온 도시가 초토화되고 말았습니다.

1. 사데 교회의 문제점은 무엇입니까?(1-2)

_____

_____

2. 사데 교회는 어떻게 해야 마지막 희망을 가질 수 있습니까?(2)

_____

_____

3. 무엇을 어떻게 회개해야 하는지 말해 보십시오. 그렇지 않을 때 나타나는 결과는 무엇입니까?(3)

_____

_____

4. 사데 교회 안에 합당한 자가 있는데 어떤 사람입니까? 그런 사람에게 하나님은 어떤 은혜를 주십니까?(4-6)

_____

_____

1. 살아 있으나 죽은 신앙의 모습을 지닌 사데 교회의 의미는 구체적으로 어떤 것인지 말해 보십시오. "하나님 앞에 내 행위가 온전한 것" 이

라는 말과 연관하여 설명해 보십시오.(참고. 3:5)

Tip 신앙은 사람에게 인정을 받는 것이 아닌 하나님 앞에서 인정을 받아야 합니다. 외적
으로 부요한 것을 추구하는 사람들 가운데 이런 신앙의 사람들이 많습니다.(참고.
2:9)

2. 남은 바 죽게 된 것을 굳게 하라는 의미는 무엇입니까? 또 복음을 받
고 들은 것을 기억(생각)하고, 지키고 회개하는 것은 일깨우는 것(2, 3)
과 어떤 관계가 있습니까?

Tip 신앙이 타락하는 것은 이미 받고 들은 복음을 굳게 붙잡지 않았을 때입니다. 우리를
지키는 것은 내가 아닌 복음입니다. 복음을 굳건하게 붙잡는 것이야말로 우리가 신
앙을 지킬 수 있는 유일한 길입니다.

1. 오늘 말씀을 통해 깨달은 영적 교훈과 붙잡아야 할 약속의 말씀은 무
엇입니까?

---

2. 오늘 말씀을 통해 얻은 신앙의 각오와 결단은 무엇입니까?

_____

_____

3. 한 주간 동안 실천해야 할 말씀의 내용은 무엇입니까?

_____

_____

내가 깨달은 영적 교훈과 삶의 적용

서로 다른 교회들

| 성경 본문 | 요한계시록 3:7-13

빌라델피아는 로마의 주요 통신로입니다. 이 도시는 상업에 매우 적절한 조건을 지녔습니다. 빌라델피아 종교는 혼합적인 이방 종교의 형태를 취했습니다. 6세기에는 많은 신전과 종교 행위로 인해 작은 아테네라고 불렸습니다. 빌라델피아 땅은 비옥했지만 지진의 강타로 삶의 환경이 열악했습니다. 때문에 사람들이 도시를 빠져나가 살게 되었습니다.

1. 빌라델피아 교회에게 보여주신 주님의 모습은 무엇입니까?(7)

_____

_____

2. 빌라델피아 교회에게 주시는 주님의 칭찬의 말씀은 무엇입니까?(8)

_____

_____

3. 빌라델피아의 신실한 삶을 보시고 주님은 어떤 보상을 해주십니까?
(9-11)

_____

_____

4. 이기는 자에게 주시는 하나님의 축복은 무엇입니까?(10-12)

_____

_____

말씀의
깨달음

1. 일곱 교회 중에서 빌라델피아 교회는 서머나 교회처럼 책망이 없는
교회였습니다. 빌라델피아 교회 역시 척박한 상태였습니다. 내세울 것
이 없는 작은 교회였습니다. 그럼에도 하나님을 배반하지 않고 믿음을

잘 지킨 교회였습니다. 하나님이 보시는 것과 사람이 보는 것의 차이점
은 무엇입니까?(참고. 막 12:43; 삼상 16:7)

Tip 빌라델피아 교회는 적은 능력을 가지고도 주님의 말씀을 지키며 하나님을 배반하지
않았습니다. 그런 이유로 주님은 빌라델피아 교회를 칭찬했습니다. 적은 능력이라
는 말은 교회의 형편이 미약한 것을 의미합니다. 가진 것이 적고 초라하지만 빌라델
피아 교회의 믿음은 신실했습니다. 하나님은 말씀을 지키며 주님을 끝까지 믿는 사
람을 귀하게 봅니다. 주님이 보시는 것은 외모를 중시하는 사람이 보는 것과는 다릅
니다.

2. "나의 인내의 말씀을 지켰다"(10절)는 의미는 무엇입니까?(참고.
3:8)

Tip 인내는 그냥 참는 것을 의미하는 것이 아닙니다. 주님의 말씀을 믿고 순종하면서 끝
까지 고난을 이겨 나가는 것을 말합니다. 8절의 내 이름을 지키며 내 이름을 배반하
지 않는 것과 같은 뜻입니다.

3. 주님의 이름을 배반하지 않는 빌라델피아 교회에게 주시는 하나님
의 축복은 새 예루살렘의 이름과 하나님의 새 이름을 기록해 주시는 것
입니다. 이름이라는 말이 반복하여 나오는데 여기서 이름을 기록한다
는 의미를 말해 보십시오. 이름이 왜 이렇게 중요한지 말해 보십시
오.(참고. 3:1, 5, 14:1)

Tip 이름을 기록한다는 것은 소유의 의미가 있습니다. 이름은 우리의 인격 전체를 말합
니다. 이름이 없으면 그것은 죽은 것입니다. 이름은 인격체로서 그 사람의 전부를 말
합니다.

말씀의 실천

1. 오늘 말씀을 통해 깨달은 영적 교훈과 붙잡아야 할 약속의 말씀은 무엇입니까?

_____

_____

2. 오늘 말씀을 통해 얻은 신앙의 각오와 결단은 무엇입니까?

_____

_____

3. 한 주간 동안 실천해야 할 말씀의 내용은 무엇입니까?

_____

_____

 내가 깨달은 영적 교훈과 삶의 적용

_____

_____

_____

_____

_____

라오디게아 교회

| 성경 본문 | 요한계시록 3:14-22

라오디게아는 우편통신로 중 주요 도시로 무역 중심지였습니다. 행정 중심지의 혜택을 통해 여러 산업이 발달했으며 의료학교가 있는 것으로 유명합니다. 이것은 라오디게아에 상당한 부를 가져다 주었습니다. 라오디게아는 로마에 충성했고, 로마 혼합 신들의 숭배가 발달했습니다. 그 예가 제우스 신이었습니다. 라오디게아 교회는 에바브로디도가 설립했는데 핍박이 없는 평온한 교회였습니다. 질 좋은 양모를 생산해서 큰 수입을 올림으로써 경제적으로 윤택한 교회였습니다.

말씀의 살핌

1. 라오디게아에 나타나신 주님은 어떤 분이십니까?(14)

2. 라오디게아 교회는 주님이 보실 때 어떤 점에서 문제가 있습니까?
(15-16)

Tip 라오디게아는 히에라폴리스와 골로새라는 두 도시에 이웃하고 있었습니다. 히에라
폴리스는 질병을 고치는 뜨거운 물이, 골로새에는 차고 시원한 물이 있었습니다. 라
오디게아는 물질적 부유함에도 불구하고 한 가지 결함이 있었는데 그것은 자체적으
로 물을 공급할 수 없는 것이었습니다. 이 도시는 데니즐리에서 파이프로 물을 공급
받았습니다. 이 파이프를 통해 라오디게아로 오는 과정에서 미지근해진 물은 먹기
에 구토가 날 지경이었습니다.

3. 라오디게아 교회는 부유했습니다. 당시 라오디게아 교회의 상태를
말해 보십시오.(17)

4. 주님이 주시는 교회의 해결책은 무엇입니까?(18-19)

5. 자기 만족에 빠진 라오디게아 교회는 주님을 문 밖으로 밀어내는 상
황이 되었습니다. 밖에 밀려난 주님은 어떤 모습으로 기다리고 계십니

까?(20)

_____

_____

6. 이기는 사람에게 주시는 하나님의 축복은 무엇입니까?(21)

_____

_____

1. 라오디게아 교회는 하나님께 책망받은 교회였습니다. 그 이유는 자기만족에 빠져 있었기 때문입니다. 경제적으로 부유함이 그렇게 만들었습니다. 그래서 미지근한 신앙생활을 했습니다. 왜 라오디게아 교회가 미지근한 상태가 되었을까요? 사람들이 부유함과 자기만족에 빠지면 하나님을 잘 보지 못하게 되는데 그 이유는 무엇입니까?

_____

Tip 라오디게아 교회는 빌라델피아 교회와 다르게 부유한 교회입니다. 이것이 라오디게아 교회를 거짓된 포만감으로 잠들게 했습니다. 외적으로는 화려한 것 같았지만 실상은 죽은 교회였습니다. 눈먼 것을 알지 못함으로 안약을 사서 눈에 발라 자기의 수치를 보아야 할 정도의 문제를 지니고 있었습니다. 외적인 부유함보다는 심령이 가난한 것이 더 큰 복인 것을 아십니까?

2. 18절의 의미를 정리해 보십시오. ①불로 연단한 금을 사서 부요하게 한다는 의미는? ②흰옷을 사서 입어 벌거벗은 수치를 보이지 않게 한다

는 의미는? ③안약을 사서 눈에 발라 보게 하라는 의미는?

Tip '연단한 금'은 자신을 정결케 하는 영적 부요함을 말합니다. '벌거벗은 수치'는 우상 숭배에 동참한 이스라엘의 모습을 의미합니다. 참된 신앙의 회복을 말합니다. '안약을 사서 눈을 바르라'는 의미는 영적으로 볼 수 없는 무지의 상태를 말합니다. 경제적 이익을 얻기 위해 우상숭배를 하는 것은 그 배후에 있는 사단의 실체를 바라보지 못한 것입니다.

3. 열심을 내는 것과 회개하는 것은 어떤 관계가 있습니까?

Tip 회개는 단순히 생각만 바꾸는 것이 아닙니다. 열심을 내어 하나님에 대한 분명한 태도를 취하는 행동적인 것이 회개의 의미입니다.

4. 20절은 예수님과 함께하는 종말론적인 잔치 모습을 소개하고 있습니다. 주님과 만남의 회복을 촉구하는 것으로, 이것을 통해 발견되는 주님의 마음을 말해 보십시오.(참고. 눅 12:36-37)

Tip 주님을 마음에 받아들이면 종말론적인 주님의 임재와 친밀한 교제와 잔치가 현재에도 이루어질 수 있음을 말합니다. 미래에는 주님의 보좌에 함께 앉는 축복을 주십니다. 이것은 새벽별을 준다는 의미와도 같습니다.(2:28)

**말씀의
실천**

1. 나는 작은 것에 얼마나 감사하며 하나님을 섬기면서 살아가고 있습니까?

---

2. 사람은 세상의 부요함을 누리다 보면 자연히 하나님과 멀어질 수 있습니다. 고난은 하나님을 오히려 간절히 찾는 기회가 됩니다. 나에게 지금 하나님을 멀리 하게 하는 것은 없는지 찾아보십시오.

 내가 깨달은 영적 교훈과 삶의 적용

SCENE 7

하늘전망대

| 성경 본문 | 요한계시록 4:1–11

요한계시록 4-5장은 하늘 보좌에서 펼쳐지는 장면을 그리고 있습니다. 이것은 앞으로 전개될 요한계시록의 전망대 역할을 합니다. 이것은 당시의 교회와 그리스도인들이 온갖 박해 속에서도 하늘의 모습을 보면서 승리하게 하려는 의도가 있습니다. 이 부분은 요한계시록 전체를 이해하는 데 중요한 부분입니다. 그리스도인은 하늘을 소망하며 이 세상을 살아야 합니다. 이렇게 되면 어떤 고난도 이길 수 있습니다. 하늘의 모습을 그리는 것은 그리스도인의 핵심적인 삶입니다.

말씀의
살핌

1. 요한은 성령에 사로잡혀 하늘 보좌의 모습을 보게 됩니다. 어떤 모습인지 말해 보십시오.(1-3)

_____

_____

2. 하늘 보좌 주위에 스물네 명의 장로들이 있는데 그들의 모습은 어떠합니까?(4-5)

_____

_____

3. 보좌 가운데와 그 둘레에는 앞뒤에 눈이 가득 달린 네 생물이 있었습니다. 어떤 모습입니까?(6-7)

_____

_____

4. 네 생물의 날개에는 어떤 모양을 하고 있습니까? 그들이 밤낮 쉬지 않고 외치는 말은 무엇입니까?(8)

_____

_____

5. 네 생물은 하늘 보좌에 앉아 계신 분에게 무엇을 하고 있습니까?(9)

_____

_____

6. 이때 스물네 장로들은 무엇을 하고 있습니까? 이때 이들이 외친 말은 무엇입니까?(10-11)

_____

_____

1. 하늘 보좌에 앉으신 이는 하나님이십니다. 특히 보석과 무지개가 그 주위에 둘러있는데 이것은 어떤 의미가 있습니까?(참고. 창 9:12-13) 요한에게 이것을 보여준 이유는 무엇입니까?

_____

Tip 보석은 하나님과 에덴동산과 성전과 새 예루살렘과 상관관계를 가집니다. 하나님의 모습을 보여주는 것입니다. 무지개의 모습은 노아의 언약을 연상하게 합니다. 이것은 하나님의 언약을 말하는 것으로 신실하게 말씀을 지키시는 분으로 이해할 수 있습니다. 하나님은 자신의 백성을 끝까지 지키시고 계십니다. 이것은 약속을 지키시는 하나님을 보여주고 있습니다.

2. 보좌 주변에 있는 스물네 장로는 누구를 의미합니까? 이들이 하는 일은 무엇입니까?

_____

Tip 24장로들은 교회공동체를 의미합니다. 24장로가 입은 흰옷과 면류관은 교회의 존재를 드러내고 있습니다. 하나님의 선택된 백성들은 하늘나라에서 하나님을 보좌하는 위치에 있는 사람으로 세상의 어떤 지위보다 뛰어납니다. 이런 것을 생각한다면 교회의 한 일원이 된다는 것은 가장 축복된 일입니다. 이들은 하나님을 경배하고 찬양하는 일을 합니다. 하나님을 높이는 일은 그리스도인이 해야 할 최상의 일입니다. 24는 12+12로 열두 지파, 열두 사도를 말합니다. 크게는 교회공동체를 의미합니다.

3. 5절의 '번개와 음성과 뇌성'은 무엇을 의미합니까?

_____

_____

Tip 하나님의 나타나심과 관련이 있습니다(출 19:16; 시 18:7-14; 겔 1:13). 하나님의 나타나심은 종말과 심판과 연관이 있습니다. 회개하지 않는 자들에게는 하나님이 두렵지만 믿음의 사람들에게는 영광으로 다가옵니다.

4. 네 가지 생물들은 누구를 의미합니까? 이들이 하나님을 밤낮 쉬지 않고 찬양하는 모습은 우리에게 어떤 교훈을 가르쳐 주고 있습니까?

_____

_____

Tip 사자와 독수리와 소와 사람은 모두가 각 분야에서 최고를 의미합니다. 사자는 동물의 왕이고 독수리는 생물의 왕입니다. 소는 가축의 왕이고 사람은 만물의 영장입니다. 이들은 모든 피조물을 대표하는 것입니다. 이들이 하는 최고의 일은 하나님을 찬양하는 일입니다. 네 생물이 가진 여섯 날개는 스랍의 여섯 날개를 연상합니다.(사 6:2)

5. 생물들의 찬양과 스물네 장로들의 찬양을 연이어서 소개한 이유는 무엇이라고 봅니까?

_____

_____

Tip 피조물을 대표하는 생물들과 하나님의 백성을 대표하는 24장로들의 찬양은 에덴동산의 조화를 의미합니다. 종말에는 이런 조화로운 일이 일어날 것입니다. 모든 피조물이 하나님을 찬양하는 것이 우리가 바라는 궁극적인 모습입니다.

말씀의
실천

1. 나는 이 세상을 바라보면서 살아갑니까? 아니면 우리가 갈 하늘나라를 보면서 살아갑니까?

_____

_____

2. 나의 삶의 목표는 무엇입니까? 만물의 영장으로 태어난 나는 그 의미를 얼마나 알고 실천합니까?

_____

_____

 내가 깨달은 영적 교훈과 삶의 적용

_____

_____

_____

_____

_____

_____

_____

SCENE 8

죽임을 당하신 어린양

| 성경 본문 | 요한계시록 5:1-14

5장은 4장에 이어 하늘 보좌의 장면을 소개합니다. 요한은 여기서 하늘 보좌의 주인공인 어린양 예수 그리스도의 모습을 보게 됩니다. 봉인한 두루마리를 뗄 분은 오직 어린양입니다. 요한은 극적으로 어린양으로 보여진 예수님을 만나게 됩니다. 그리고 그분에 대한 생물들과 장로들과 천사와 피조물의 찬양이 소개됩니다. 세상을 심판하시는 주님과 구원하시는 주님을 우리는 여기서 만나게 됩니다.

말씀의
살핌

1. 요한이 다시 본 하늘 보좌의 모습은 어떠했습니까?(1-3)

2. 요한은 왜 크게 울었습니까?(4)

3. 이때 장로 중 하나가 나타나서 한 말을 말해 보십시오.(5)

4. 요한이 세 번째 본 하늘 보좌의 모습을 말해 보십시오.(6-7)

5. 두루마리를 취하신 어린양에게 네 생물들과 스물네 장로들이 한 일은 무엇입니까?(8)

6. 네 생물들과 스물네 장로들이 부른 새 노래의 내용을 정리해 보십시오.(9-10)

7. 천사들이 큰 음성으로 말한 찬양의 내용을 말해 보십시오.(11-12)

8. 하늘 위에와 땅 위에와 땅 아래와 바다 위에와 그 가운데 있는 모든 피조물이 드린 찬양의 내용은 무엇입니까?(13)

9. 천상에 일어난 모습을 보고서 네 생물과 스물네 장로들이 한 행동은 무엇입니까?(14)

1. 왜 두루마리가 일곱 인으로 봉해졌는지 말해 보십시오(참고. 단 8:17, 19, 26, 12:4, 9). 두루마리에 어떤 내용이 들어있을까요?(참고. 출 32:15-16; 겔 2:9-10)

2. 힘 있는 천사(참고. 계 10:3, 18:1)가 한 말에 대해 왜 요한은 크게 울었다고 봅니까?

3. 요한이 흘린 눈물의 응답으로 주어진 해결점은 어린양에 있습니다. 왜 죽임을 당하신 어린양으로 소개하고 있습니까? 두루마리와 어린양과 성도의 기도와의 상관관계를 말해 보십시오.(참고. 출 2:23-25)

4. 세 번에 걸쳐서 소개하는 다양한 대상의 하나님을 향한 찬양(새 노래, 큰 음성으로 노래, 한 목소리로 울리는 노래)을 통해 깨닫는 영적 교훈은 무엇입니까?(참고. 시 148:1-5)

Tip 우리의 예배와 찬양을 받으시기에 합당한 분은 오직 어린양 예수 그리스도 하나님밖에 없습니다. 이것은 이 땅의 피조물과 천사들과 성도들이 마땅히 해야 할 모습입니다. 우리는 오직 하나님께 예배하고 경배해야 합니다. 그것이 우리가 살아가는 목적이고 최종 목표입니다.

5. 새 노래의 내용 속에서 발견되는 성도들의 특권은 무엇입니까? 이것은 찬양의 이유가 되기도 합니다.(참고. 출 19:6; 벧전 2:5)

Tip 주님의 은혜로 신자들은 이 세상에서 왕노릇하며 살 것입니다. 이것은 열방의 백성들에게 미치는 놀라운 하나님의 은혜입니다. 그리스도인은 모든 영역에서 왕 노릇하며 살 것입니다. 이것은 믿는 자에게 주시는 특권입니다.

1. 오늘 말씀을 통해 깨달은 영적 교훈과 붙잡아야 할 약속의 말씀은 무엇입니까?

---

2. 오늘 말씀을 통해 얻은 신앙의 각오와 결단은 무엇입니까?

_____

_____

3. 한 주간 동안 실천해야 할 말씀의 내용은 무엇입니까?

_____

_____

내가 깨달은 영적 교훈과 삶의 적용

재앙과 구원

| 성경 본문 | 요한계시록 6:1-7:4

요한계시록 6-16장은 7재앙 시리즈로 요한계시록의 중심부를 차지하고 있는 가장 어려운 부분입니다. 7인(6:1-8:5), 7나팔(8:6-11:19), 7대접(15:5-16:21) 등이 계속 이어집니다. 요한계시록 6:1에 나오는 두루마리의 개봉은 로마 제국의 멸망을 알리는 것을 의미합니다. 첫 번째 일곱 인의 개봉이 나오는데 이것은 그리스도인과 교회를 핍박하던 로마가 결국 멸망하게 되는 것을 상징합니다. 그런 와중에도 인침을 받은 144,000명은 구원을 받습니다. 아무리 하나님의 심판이 무서워도 선택된 하나님의 백성은 구원받는 것을 말하고 있습니다.

말씀의 살핌

1. 두루마리의 봉인된 것을 떼는 장본인은 누구입니까?(1, 3, 5, 7, 9, 12)

2. 로마에게 내리는 재앙과 고통을 상징하는 여섯 가지 인의 내용을 정리해 보십시오.(1-17절)

인 재앙	의미	내용
첫째 인(1-2절)	전쟁	
둘째 인(3-4절)	내란	
셋째 인(5-6절)	기근	
넷째 인(7-8절)	사망	
다섯째 인(9-11절)	순교자의 고통	
여섯째 인(12-17절)	땅과 우주적 재앙	

3. 재앙은 점차 진행되면서 무섭게 나타납니다. 여섯 번째 재앙은 클라이맥스와도 같은데 이때 사람들의 반응은 무엇입니까?(15-17)

4. 요한은 마지막 일곱 인 재앙이 나타나기 전 중간 부분(삽입)에 핍박당하고 있던 당시 하나님의 백성의 모습을 그리고 있습니다. 그것은 무엇입니까?(7:1-4)

말씀의
깨달음

1. 하나님을 거역하는 사람들에게 하나님은 진노와 심판을 내리십니다. 죄를 지은 사람은 어린양의 진노를 피할 수 없습니다. 그럼에도 세상 사람들은 계속 하나님을 거역하며 복음을 거부하는 이유는 무엇입니까? 하나님 없는 사람의 마지막은 하나님의 진노입니다. 이들을 향해 우리가 보여야 할 사랑의 모습은 무엇입니까?

_____

_____

Tip 하나님을 거부하는 악한 사람들 중에는 복음을 듣지 못한 사람과 복음을 들었음에도 그것을 거부하는 사람들이 있습니다. 복음을 듣지 못한 사람들에게는 복음을 전하는 것이 우선입니다. 그리고 복음을 전함에도 계속 거부하는 사람에게는 하나님의 자비하심으로 끝까지 선을 행해야 합니다.

2. 하나님의 진노 속에서 교회는 순교하게 됩니다. 순교의 수가 차기까지 교회는 박해와 죽음의 상황을 겪게 됩니다. 하나님의 백성도 그 재앙 속에서 고난을 당하게 되는데 그것은 순교입니다. 왜 하나님은 의인과 교회를 살려 주시지 않고 그대로 순교하게 하십니까?

_____

_____

Tip 모두가 순교할 수 없습니다. 순교도 하나님이 허락해야 합니다. 내 마음대로 안됩니다. 이것은 모두가 순교하라는 것이 아니라 순교의 정신으로 살아가라는 의미로 이해할 수 있습니다. 순교의 피가 지금의 한국교회를 이렇게 성장하게 했습니다.

3. 순교자(성도)들의 기도와 세상의 심판은 어떤 관계가 있는지 말해 보십시오. 복음 때문에 당하는 성도의 고난의 의미를 말해 보십시오.(참고. 계 6:10-11, 8:3-5)

4. 인침을 받은 144,000명이란 무엇을 의미합니까?

말씀의
실천

1. 나의 가까운 사람들 중에 하나님을 믿지 않는 사람들을 말해 보십시
오. 나는 그들을 얼마나 불쌍하게 생각하며 전도에 힘쓰고 있습니까?
하나님의 진노하심을 생각하면서 말해 보십시오.

2. 나는 하나님의 구원받은 사람이란 확신이 있습니까? 구원의 확신이 있습니까?

_____

_____

내가 깨달은 영적 교훈과 삶의 적용

144,000과 셀 수 없는 큰 무리

| 성경 본문 | 요한계시록 7:5-17

7장은 일곱 인을 떼는 과정에서 일어난 일입니다. 즉 마지막 일곱 번째 인을 떼는 것을 남겨둔 시점에서 잠시 저주와 심판의 내용을 멈추고 이런 상황 속에서 그리스도인은 어떤 모습일까를 그리고 있는 내용입니다. 우리 주위를 보면 일곱 인 재앙처럼 기근과 전쟁과 내란과 지진과 자연적 재앙이 일어나 우리를 힘들게 합니다. 7장은 그런 가운데서 그리스도인과 교회 공동체는 어떤 모습인지를 잘 보여줍니다. 이것은 어려운 환란 속에서 어떻게 그리스도인이 승리의 삶을 살 수 있는지 교훈하고 있습니다.

말씀의
살핌

1. 요한은 십사만 사천을 이스라엘의 지파로 설명했는데 그 내용을 말해 보십시오.(5-8)

_____

_____

2. 구약에 나오는 이스라엘 지파와 비교하여 다른 점을 찾아보십시오. (5-8)

_____

_____

3. 숫자 십사만 사천에 대한 것을 소리로 듣고 나서 십사만 사천의 내용을 형상으로 다시 보았는데 그 내용은 무엇입니까?(9)

_____

_____

4. 144,000명(즉 셀 수 없는 큰 무리들)이 큰 소리로 외쳐 하나님께 찬송하는 내용은 무엇입니까?(10)

_____

_____

5. 장로와 네 생물의 주위에 서 있던 모든 천사가 하나님께 찬양한 내용은 무엇입니까?(11-12)

_____

_____

6. 장로 중 하나와 요한이 서로 질문과 답을 하면서 대화한 내용은 무엇입니까?(13-14)

_____

_____

7. 흰옷 입은 자들이 하나님의 보좌 앞에서 행한 일과 그들에게 주시는 하나님의 축복을 말해 보십시오.(15-17)

_____

_____

1. "144,000명"과 "셀 수 없는 큰 무리"는 서로 어떤 관계가 있습니까?

_____

Tip 144,000은 이스라엘의 지파들의 수입니다. 그러나 144,000은 이스라엘을 위한 숫자에 해당된다기보다는 교회 공동체 전체를 의미합니다. 144,000명은 전투하는 교회의 모습을 그리고, 뒤에 나오는 셀 수 없는 큰 무리는 찬양과 하나님의 축복을 받는 교회의 모습을 그리고 있습니다. 이렇게 보면 셀 수 없는 큰 무리는 144,000명을 풀이한 내용이라고 볼 수 있습니다. 144,000은 7장 전체를 보면서 해석해야 합니다. 이스라엘을 말하거나 어떤 특정한 집단을 상징하는 것으로 이해해서는 안됩니다(이단들은 이것을 자기들의 집단에 적용합니다).

2. 이스라엘 지파의 144,000명을 언급하면서 지파의 순서를 다르게 구성했는데 그 이유는 무엇입니까?

___

Tip 유다 지파가 가장 먼저 나왔고 단 지파는 빠졌고 요셉 지파란 말이 첨가되었습니다. 이런 내용을 통해 볼 때 144,000은 이스라엘의 순수한 지파를 의미하기보다는 그리스도 중심으로 다시 해석된 이스라엘 지파를 의미한다고 볼 수 있습니다. 이것은 신약의 교회 공동체를 향하고 있는 내용입니다.

3. "하나님의 인을 맞은 사람"(144,000)과 "흰옷 입은 자들"을 연결하여 이것이 주는 영적 교훈을 말해 보십시오.

___

Tip 144,000명은 그리스도인의 수, 교회 공동체의 수를 의미합니다. 그렇다고 해서 모든 그리스도인의 수를 말한다고 하기는 어렵습니다. 그것은 '흰옷 입은 자들'과 연관해 볼 때 그들은 큰 환란을 통과한 사람으로 어린양의 피에 그 옷을 씻어 회개한 사람들입니다. 명목상의 그리스도인은 아닐 것입니다. 믿음을 지키다가 어려움을 당하고 그리스도를 위해 희생을 당하는 그런 경건한 사람들의 수라고 생각해 볼 수 있습니다.

4. 믿음으로 승리한 그리스도인들에게 주시는 하나님의 축복들(7:15-17)은 우리에게 어떤 의미가 있습니까?

___

Tip 아무도 셀 수 없는 무리들, 그리스도인은 하늘에 속한 자들입니다. 지금 당장은 고난 속에 있지만 그리스도인은 하나님의 보호하심 아래 있는 자들이고 천국에서 주실 하나님의 축복을 이미 받은 자들입니다. 이런 미래의 축복을 바라보고 세상과 싸움에서 승리하는 삶을 살아야 할 것입니다.

말씀의 실천

1. 오늘 말씀을 통해 깨달은 영적 교훈과 붙잡아야 할 약속의 말씀은 무엇입니까?

_____

_____

2. 오늘 말씀을 통해 얻은 신앙의 각오와 결단은 무엇입니까?

_____

_____

3. 한 주간 동안 실천해야 할 말씀의 내용은 무엇입니까?

_____

_____

 내가 깨달은 영적 교훈과 삶의 적용

_____

_____

_____

_____

SCENE **11**

네 번에 걸친
나팔재앙 이야기

| 성경 본문 | 요한계시록 8:1-13

일곱 인 재앙에 이어서 일곱 나팔 재앙이 소개되고 있습
니다. 일곱 나팔 재앙 중에서 자연계에 대한 재앙으로
네 개의 재앙이 소개됩니다. 이 재앙은 점차 심해지는
것으로 그리고 있습니다. 인류의 재앙은 자연계의 재앙
으로부터 시작됩니다. 물론 이런 재앙은 믿지 않는 자들
에게 주어지는 재앙입니다. 이런 재앙은 성도들의 기도
응답으로(8:3-5) 주어지는 재앙임을 서두에 언급하고 있
습니다.

말씀의
살핌

1. 일곱 인을 뗄 때 하늘이 얼마 동안 고요했습니까?(1)

2. 일곱 인을 뗄 때의 모습을 말해 보십시오.(2)

3. 다른 천사가 와서 금향로와 많은 향들과 함께 향연을 드리는 구체적인 모습을 말해 보십시오.(3-5)

4. 일곱 나팔을 가진 일곱 천사가 나팔을 불면서 일어나는 나팔 재앙의 모습을 그려 보십시오.(6-12)

나팔 재앙	재앙의 모습	재앙의 범위
첫째		
둘째		
셋째		
넷째		

5. 공중에 날아가는 독수리가 큰 소리로 말한 내용은 무엇입니까?(13)

말씀의
깨달음

1. 성경에서 말하는 나팔의 의미는 무엇입니까? 계시록에서 말하는 나팔은 어떤 내용입니까?

_____

_____

Tip 나팔은 성경에서 여러 가지 의미로 사용됩니다. 심판, 하나님의 거룩한 전쟁의 선포와 백성의 소집, 이스라엘 왕의 즉위, 종말론적인 심판과 구원, 회개에 대한 경고 등입니다. 요한계시록에 나타나는 나팔은 하나님의 심판에 대한 내용에 해당됩니다.

2. 일곱 인을 뗄 때, 왜 반 시간 동안 고요함이 임했습니까?

_____

_____

Tip 성도들의 기도를 듣기 위해서가 아니었을까요? 그리고 그 기도의 응답으로 세상을 심판하시기 위한 침묵이 아니었을까요? 마치 심판이 임하기 전 태풍 속의 전야와 같은 모습입니다.

3. 하나님의 심판과 성도의 기도와는 어떤 관계가 있습니까?

_____

_____

Tip 하나님의 심판은 성도의 기도 응답으로서 주어지는 것입니다. 기도를 받으신 주님의 모습을 통해 성도의 기도가 얼마나 귀한 것인지를 보여줍니다. 기도는 또한 지상과 하늘을 잇는 가교 역할을 합니다. 성도들의 기도는 하나님을 움직이는 강력한 도구입니다. 하나님은 성도들의 기도를 통해서 일하십니다. 하나님의 심판은 성도의 기도의 응답으로 주어집니다. 향료를 쏟자 그것은 곧 주님의 심판으로 변했습니다.

4. 나팔 재앙은 애굽의 재앙들과 연관이 있습니다. 어떤 면에서 비슷한지 말해 보십시오. 이런 재앙은 무엇을 보여주기 위한 것입니까?

_____

_____

나팔 심판 시리즈	애굽의 재앙들	의미
첫째/ 우박, 불, 피(땅)	재앙7= 우박	
둘째/ 바다가 피로 변함(바다)		
셋째/ 물을 마시지 못함(강)	재앙1= 물이 피로 변함	
넷째/ 어둠 (하늘)		
다섯째/ 황충, 어두움(메뚜기)	재앙8= 메뚜기	

5. 갑자기 나타난 독수리는 어떤 의미가 있습니까? 그리고 화, 화, 화를 세 번에 걸쳐서 말한 이유는 무엇입니까?

_____

_____

말씀의
실천

1. 오늘 말씀을 통해 깨달은 영적 교훈과 붙잡아야 할 약속의 말씀은 무엇입니까?

_____

_____

2. 오늘 말씀을 통해 얻은 신앙의 각오와 결단은 무엇입니까?

_____

_____

3. 한 주간 동안 실천해야 할 말씀의 내용은 무엇입니까?

_____

_____

 내가 깨달은 영적 교훈과 삶의 적용

_____

_____

_____

_____

SCENE 12

다섯 번째와
여섯 번째 나팔 재앙

| 성경 본문 | 요한계시록 9:1-21

나팔 재앙 시리즈에서 9장은 다섯 번째와 여섯 번째 재앙이 소개되고 있습니다. 이 재앙은 앞의 네 번에 걸친 나팔 재앙보다 더 극심한 모습으로 사람들에게 나타난 재앙이라는 점에서 비교가 됩니다. 이제 이 두 나팔 재앙이 끝나면 더 이상 세상을 향한 하나님의 자비는 없습니다. 오직 철저한 보응과 심판만이 있을 뿐입니다. 하나님의 심판이 얼마나 무섭게 임하는지 우리는 본문을 통해 살펴볼 수 있습니다.

말씀의
살핌

1. 다섯 번째 천사가 나팔을 불자 어떤 일이 일어났습니까?(1-2)

2. 바닥 없는 구덩이(무저갱)의 구멍에서 연기가 올라와 어두워지면서 땅 위로 나온 것은 무엇입니까?(3)

3. 하나님은 그들에게 어떤 명령을 내렸습니까?(4)

4. 다섯 달 동안에 어떤 일이 일어났습니까?(5-6)

5. 황충들의 모양은 어떤 모습인지 말해 보십시오.(7-10)

6. 그들에게 있는 왕은 누구입니까?(11)

7. 인간을 향한 두 번째 화로 여섯째 천사가 나팔을 불자 금단 네 뿔에서 나온 한 음성이 여섯 번째 천사에게 무엇이라 말했습니까?(12-14)

_____

_____

8. 네 천사가 풀려나와 행한 일은 무엇입니까? 그들의 모습을 말해 보십시오.(15-19)

_____

_____

9. 이런 무기에도 죽임을 당하지 않는 사람들이 있었습니다. 그들은 어떤 사람들입니까? 그들이 여전히 행한 모습을 말해 보십시오.(20-21)

_____

_____

말씀의
깨달음

1. "하늘에 떨어진 별"과 "무저갱"이란 무엇을 의미합니까?(참고. 사 14:12-14)

_____

Tip 하늘에 떨어진 별이 무저갱의 열쇠를 받는다는 것은 무생물이 아니라 인격적인 존재로 사단을 의미한다고 볼 수 있습니다. 무저갱은 바닥 없는 구덩이라는 말로, 헬라어

로는 '아뷔소스'입니다. 아뷔소스는 타락한 천사들이 갇혀 있는 웅덩이와 같은 감옥으로 보입니다. 스올, 음부와 같은 개념으로 사용되기도 합니다. 상징적 묘사로 악한 영들이 갇혀 있는 감옥으로 이해할 수 있습니다. 이곳은 사단의 거처지만 동시에 하나님의 심판의 장소이기도 합니다. 상상만 해도 무서운 구덩이입니다.

2. 황충은 여기서 어떤 역할을 합니까?

_____

_____

Tip 황충은 하나님의 강력한 심판의 상징으로 사용됩니다. 그러나 마귀적 속성을 지닌 황충의 권세는 하나님에게서 주어진 것입니다. 권세를 받았다는 표현은 이것을 말해 줍니다(3절). 하나님의 대리자로서 악을 행하는 자들입니다. 이들은 자기 힘대로 할 수 없는 제한적인 힘을 가지고 있습니다. 여기에 묘사된 황충의 모습은 하나님의 심판을 대항하는 적절한 모습입니다.

3. 하나님은 황충에게 이마에 하나님의 인침을 받지 아니한 사람들만 해하라고 명령합니다. 그 이유를 말해 보십시오. 그리고 황충에게 해를 당하는 사람들은 다섯 달 동안 괴로움을 당하게 합니다. 그 이유는 무엇입니까? 또 이들은 죽고 싶어도 죽지 못하는 상황이 됩니다. 이것을 통해 발견되는 영적 교훈은 무엇입니까?

_____

_____

Tip 황충은 하나님의 인을 맞은 사람과 대조됩니다(7:1-8). 하나님의 인을 맞지 않으면 그것은 짐승의 표를 받은 사람들입니다. 즉 사단에게 속한 자들을 의미합니다. 사단은 결국 자기의 하수인들을 심판하게 됩니다. 여기에 속하면 안됩니다. 왜 다섯 달만 괴롭히게 될까요? 이것은 회개할 기회를 주기 위함이 아니라 더한 고통을 주기 위함입니다. 다섯 달은 황충의 생존 주기에 근거하여 산출된 기간으로 생각됩니다. 이들에게는 죽고 싶어도 죽지 못하는 상황이 생깁니다. 얼마나 심판이 무서운지를 보여주는 대목입니다.

4. 무저갱의 왕은 누구입니까?

Tip 히브리 음으로 '아바돈'이고 헬라 음으로는 '아불루온' 입니다. 아마 이것은 아폴로 신을 의미하는 것으로 생각됩니다. 아폴로에 대한 상징은 메뚜기(황충)입니다. 로마 황제인 도미티안은 자신을 아폴로로 간주했습니다. 이것은 도미티안 로마 황제를 그리고 있지 않나 생각됩니다.

5. 유브라데에 결박되어 있는 네 천사들은 누구를 말합니까?

Tip 네 천사에 대해서는 많은 의견들이 있습니다. 타락한 천사인지 아니면 하나님이 보내신 천사인지 명확하지 않습니다. 결박당했다는 것은 은유적인 표현으로 명령을 수행하기 위해 잠시 기다리는 상황으로 이해될 수 있습니다.(7:1-3)

6. 20절과 21절에서 "회개치 않는" 내용이 반복하여 나오는데 이것의 의미는 무엇입니까?

Tip 요한계시록은 하나님의 심판을 말하지 회개를 의도하지 않습니다. 그럼에도 회개라는 말을 사용한 것은 하나님의 심판이 정당하다는 것을 드러내기 위함입니다. 이것은 회개하지 않는 상황을 강조하여 독자들에게 10-11장의 내용 전개를 기대하게 하는 효과가 있습니다. 그리스도인은 하나님의 이러한 무서운 심판에서 제외된 사람들입니다. 이런 점에서 우리는 감사해야 합니다. 하나님의 심판이 임하기 전에 회개해야 합니다. 그러면 구원을 받을 수 있습니다. 이런 점에서 그리스도인은 모두에게 전해야 할 사명이 있습니다.

말씀의 실천

1. 오늘 말씀을 통해 깨달은 영적 교훈과 붙잡아야 할 약속의 말씀은 무엇입니까?

_____

_____

2. 오늘 말씀을 통해 얻은 신앙의 각오와 결단은 무엇입니까?

_____

_____

3. 한 주간 동안 실천해야 할 말씀의 내용은 무엇입니까?

_____

_____

 내가 깨달은 영적 교훈과 삶의 적용

_____

_____

_____

_____

다시 예언하라

| 성경 본문 | 요한계시록 10:1-11

요한계시록을 이해하는 중요한 부분은 삽입에 대한 것입니다. 삽입은 7장과 10-11장, 12-14장입니다. 7장은 144,000명에 대한 이야기입니다. 즉 교회 백성들은 인을 받으면서 심판 속에서도 안전함을 유지합니다. 하늘의 허다한 무리들이 고난 가운데서도 하나님의 진노를 피할 수 있다는 것을 강조합니다. 그리고 10-11장은 이런 교회가 어두운 시대 가운데서 지녀야 할 사명을 말합니다. 특히 10장은 세상 속에서 살아가야 하는 교회의 모습을 그리고 있습니다. 구원받은 그리스도인이 어떤 사명을 감당해야 하는지를 그리고 있습니다.

1. 요한이 본 내용은 무엇입니까?(1-2)

_____

_____

2. 사자의 부르짖음과 같은 큰 소리인 일곱 우레의 소리가 들리면서 하늘에서 나는 소리를 말해 보십시오.(3-4)

_____

_____

3. 바다와 땅을 딛고 서 있는 천사가 맹세한 분에 대해서 말해 보십시오 (5-6). 천사가 맹세한 말은 무엇입니까?

_____

_____

4. 일곱째 천사가 나팔을 불면 어떤 일이 일어납니까? (7)

_____

_____

5. 이때 하늘에서 들려온 음성은 무엇입니까?(8)

_____

_____

6. 요한이 천사에게 올라가서 요구한 내용과 천사의 대답은 무엇입니까?(9)

7. 요한이 작은 책을 받아서 먹자 어떤 일이 일어났습니까?(10)

8. 책을 먹은 요한에게 어떤 사명이 주어졌습니까?(11)

1. 힘 센 천사는 누구를 말합니까?(참고. 계 5:2)

Tip 힘 센 천사는 가브리엘 천사(단 12:7), 혹은 그리스도라고 말합니다. 정확한 것을 말하기는 어렵습니다. 어느 하나를 지칭한다기보다는 여러 모습들의 조합을 통하여 하나님의 구속사적 메시지를 전한다고 볼 수 있습니다.

2. 열려진 작은 책이라고 언급한 이유는 무엇입니까?(참고. 10:2, 8-11, 5:1-4)

Tip 5장의 책과 10장의 책은 서로 다른 점이 있습니다. 왜 작은 책이라고 했을까? 그것은 아마 5장은 예수님의 사역과 관계가 있지만 10장은 성소들의 사역과 관계가 있기 때문이라고 생각합니다. 열려진 책으로 묘사된 것은 예언하는 사명 때문입니다.

3. 일곱 천사가 외치는 일곱 우레는 무엇입니까? 그리고 인봉하고 왜 기록하지 말라고 했습니까?

Tip 원문으로 보면 일곱 우레가 제각기 소리를 발했다고 말합니다. 무서운 분위기를 나타내고 있습니다. 메시지를 기록하지 말라고 한 것은 앞으로 닥치는 나팔 재앙과 연관이 있습니다. 사단의 세력에 대한 심판의 강도가 더 심해지는 것을 암시하고 있습니다. 하나님의 심판이 완벽하게 나타나는 것을 의미합니다. 그리스도인에게 전체적인 내용은 알리지만 세부적인 내용을 모두 말해 주지 않는다는 것을 의미합니다. 계시는 점차적입니다. 우리가 다 알 수 없습니다. 아는 것과 모르는 것이 있습니다. 이것을 인정하는 것이 신앙입니다. 세상에서 일어나는 일은 알지 못한 채 하나님을 의지하며 앞으로 나아가는 것이 신앙입니다. (히 11:8; 창 12:5)

4. 6절에 "지체하지 않으리라"고 선언한 이유는 무엇입니까? 이것은 하나님의 그 비밀이 이루어진다는(7절) 내용과 어떤 관계가 있습니까?

Tip 하나님의 심판이 임박했다는 것을 의미합니다. 아울러 이것은 그리스도인의 사명이 긴박함을 말합니다. 하나님의 비밀이 완성되는 것을 말합니다. 이 비밀은 하나님나라의 도래를 의미합니다. 이것은 선지자들이 전했던 복음의 내용입니다. 그리스도를 통하여 약속이 성취되는 것을 뜻합니다. 이 비밀은 일곱 천사가 나팔을 불 때 이루어지는 것으로 11:15-18절과 연관이 있습니다.

5. 요한은 다시 예언하도록 부름을 받습니다. 그 이유는 무엇입니까? 그리고 요한이 받아 먹은 작은 두루마리가 입에서는 달지만 배에서는 쓴 이유는 무엇입니까?(참고. 시 119:103; 겔 3:1-11; 사 6:8-13)

Tip 하나님의 말씀을 받은 사람에게는 놀라운 기쁨이 있지만 그 복음의 사명을 감당하기 위해서는 고난과 고통을 통과해야 한다는 것을 말합니다. 구약의 예언자들의 사명이 이러했습니다. 모두 고난을 동반한 복음 사역이었습니다. 이것은 다시 예언이라는 구절과 연관이 됩니다.

교회는 고난이 오더라도 하나님의 나라를 전해야 합니다. 이것이 교회의 사명입니다. 고난은 세상의 나라와 백성과 왕들입니다. 고난을 그냥은 이길 수 없습니다. 복음의 단 것을 경험한 사람만이 쓴 고난을 이길 수 있습니다. 이런 면에서 그리스도인은 단 말씀의 체험이 필요합니다.

다시 예언한다는 것은, 멸망할 세상이지만 그래도 그들에게 끝까지 교회가 복음을 전함으로 구원을 이루는 하나님의 사랑과도 연관하여 생각할 수 있습니다.

말씀의
실천

1. 오늘 말씀을 통해 깨달은 영적 교훈과 붙잡아야 할 약속의 말씀은 무엇입니까?

_____

_____

2. 오늘 말씀을 통해 얻은 신앙의 각오와 결단은 무엇입니까?

_____

_____

3. 한 주간 동안 실천해야 할 말씀의 내용은 무엇입니까?

_____

_____

내가 깨달은 영적 교훈과 삶의 적용

저자 이대희 목사

장로회 신학대학교 신학대학원(M.Div)과 연세대학교 연합신학대학원(Th.M)을 졸업하고 현재 에스라성경대학원대학교 성경학박사(D.Litt) 과정 중이다.
예장총회교육자원부 연구원과 서울장신대학교 신학과 교수와 겸임교수를 역임하고 서울 극동방송에서 "알기 쉬운 성경공부" "기독교 이해" 등의 프로그램을 진행했다. 지난 20여 년 동안 성서사람 · 성서한국 · 성서교회 · 성서나라의 모토를 가지고 한국적 성경교육과 실천사역을 위해 집필과 세미나와 강의사역을 하고 있다. 현재 바이블미션(www.bible91.org) 대표, 꿈을주는교회 담임목사, 강남성서신학원 외래교수, 서울장신대 외래교수로 사역 중이다.
저서로 《30분 성경공부시리즈》 《투데이 성경공부시리즈》 《아름다운 십대 성경공부시리즈》 《이야기대화식성경연구》 《성경통독을 위한 11가지 리딩포인트》 《심방설교 이렇게 준비하라》 《예수님은 어떻게 교육했을까?》 《1% 가능성을 성공으로 바꾼 사람들》 《자녀를 거인으로 우뚝 세우는 침상기도》 《하룻밤에 배우는 쉬운 기도》 《하나님 이것이 궁금해요》 《크리스천이 꼭 알아야 할 100문 100답》 등 100여 권이 있다.

요한계시록 1

초판1쇄 발행일 | 2010년 4월 20일

지은이 | 이대희
펴낸이 | 박종태
펴낸곳 | 엔크리스토
마케팅 | 정문구, 강한덕
관리부 | 이태경, 신주철, 임우섭, 맹정애, 강지선

출판등록 | 2004년 12월 8일(제2004-116호)
주   소 | 경기도 고양시 일산동구 장항동 568-17
전   화 | (031) 907-0696
팩   스 | (031) 905-3927
이메일 | visionbooks@hanmail.net
공급처 | 비전북 전화 (031) 907-3927 팩스 (031) 905-3927

ISBN 978-89-92027-85-4 04230
       89-89437-85-7 (세트)

값 3,000원

● 잘못된 책은 바꾸어 드립니다.
● 이 교재의 사용 방법, 내용, 훈련, 세미나에 대한 문의는 바이블미션(02-403-0196, 010-2731-9078)으로 해주시면 최선을 다해 도와드리겠습니다.

엔크리스토 성경공부 양육 교재

투데이 성경공부

평생 성경공부할 수 있도록 구성한 시리즈. 주제별로 구성되어 있어 각 교회의 상황에 맞게 커리큘럼을 재구성하여 사용할 수 있다.

101 신앙기초(전 9권 완간) | 201 예수제자(전 9권 완간) | 301 새생활(전 12권 완간)
601 성경개관(전 10권 완간) | 401 · 501 발간 예정

30분 성경공부

신앙생활의 기초를 다루었으며 신앙의 전체 그림을 그릴 수 있는 2년 과정의 소그룹 성경교재다. 성경공부를 시작할 때 사용하면 효과적이다.

믿음편 | 기초 · 성숙   생활편 | 개인 · 영성 · 교회 · 가정 · 이웃 · 일터 · 사회 · 세계
성경탐구편 | 창조시대 · 족장시대 · 출애굽시대 · 광야시대 · 정복시대/사사시대 · 통일왕국시대 ·
분열왕국시대 · 포로시대/포로귀환시대 · 복음서시대1 · 복음서시대2 · 초대교회시대 · 서신서시대

아름다운 십대 성경공부

십대들이 꼭 알아야 할 성경의 핵심내용과 기독교적 가치관, 세계관을 정립하는 데 필요한 핵심주제를 담고 있으며, 3년 과정으로 구성되었다.

101 자기정체성 · 복음 만남 · 신앙생활 · 멋진 사춘기 · 예수의 사람(전 5권)
201 가치관 · 믿음뼈대 · 십대생활 · 유혹탈출 · 하나님의 사람(전 5권)
301 비전과 진로 · 신앙원리 · 생활열매 · 인생수업 · 성령의 사람(전 5권)

틴꿈 십대성경공부

성경 전체의 내용을 핵심적으로 구성되었으며, 성경 파노라마를 통해 십대들이 알아야 할 성경의 맥과 개관을 다루고 구약책과 신약책 중에서 십대에 맞는 책을 선택하여 집중적으로 유형별로 균형 있게 공부할 수 있다.

1년차 성경개관 | 성경파노라마 1, 2, 3, 4, 5(전5권)
2년차 구약책 | 창세기 · 에스더 · 다니엘 · 잠언 · 전도서(전5권)
3년차 신약책 | 누가복음 · 로마서 · 사도행전 · 빌립보서 · 요한계시록(전5권)
• 틴~ 꿈 새가족 양육교재

엔크리스토 성경공부 양육 교재

책별 66권 성경공부

성경 전체 66권을 각 권별로 자유롭게 선택하여 사용할 수 있는 성경공부.
성경 전체를 체계적으로 연구할 수 있다.

**창세기 1·2·3·4, 느헤미야, 요한복음 1·2, 로마서, 에스더, 다니엘, 사도행전 1·2·3
요한계시록 1·2 (계속 발간됩니다)**

엔크리스토 제자양육성경공부

한 사람을 온전한 제자로 만드는 과정으로 7단계로 구성되었있다. 전도(복음소개)와
양육(일대일 양육, 이야기대화식 성경공부)과 영성(영성훈련)의 3차원을 통전적으로
연결되어 있으며 제자훈련 과정으로 적합하다.

**복음소개 · 일대일 양육 · 새로운 사람 · 성장하는 사람
변화된 사람 · 영향력 있는 사람 · 영성훈련(전7권)**

인도자를 위한 지침서

- 인도자 지침서(십대 성경공부 101·201·301시리즈) | 이대희 지음 | 각 10,000원
- 인도자 지침서(틴꿈 십대성경공부) | 이대희 지음 | 10,000원
- 인도자 지침서(엔크리스토 제자양육성경공부) | 이대희 지음 | 10,000원
- 인도자 지침서(30분 성경공부 믿음편 기초, 성숙|생활편 개인, 교회)
  | 이대희 지음 | 10,000원

성경공부에 필요한 참고 서적

- 이야기 대화식 성경연구 | 이대희 지음 | 10,000원
- 크리스천이 꼭 알아야할 100문 100답 | 이대희 지음 | 10,000원
- 꿈을 이루는 10대 크리스천을 위한 52가지 | 이대희 지음 | 10,000원

특 징
성경 66권을 쉽고 재미있게, 깊이 있게 배우면서 한국적 토양에 맞는 현장과 삶에 적용하는 한국적 성경전문학교

모집과정(반별로 2시간씩이며 선택 수강 가능)
● 성경주제반: 성경의 중요한 핵심 주제를 소그룹의 토의와 질문을 통하여 배운다.(투데이성경공부/30분성경공부)
● 성경개관반: 66권의 성경 전체의 맥과 흐름을 일관성 있게 잡아준다.(잘 정리된 그림과 도표와 본문 사용)
● 성경책별반: 66권의 책을 구약과 신약 한 권씩 선정하여 워크숍 중심으로 학기마다 연구한다.(3년 과정)

모집대상
목회자반/ 신학생반/ 평신도반(교사, 부모, 소그룹 양육리더, 구역장, 중직)

시 간
월요일(오전 10시 30분~오후 5시 30분/ 개관반 · 책별반 · 주제반)

수업학제
겨울학기 : 12~2월 | 봄학기 : 3~6월 | 여름학기 : 6~8월 | 가을학기 9~11월
(자세한 내용은 홈페이지 참조 요망. 학기마다 사정에 따라 일자가 변경될 수 있음)

수업의 특징
● 이야기대화식 성경연구방법으로 12주(3개월 과정) 진행
● 전달이나 주입식이 아닌 성경 보는 눈을 열어주고 경험하게 하면서 성경의 보화를 스스로 캐는 능력을 터득하게 하는 방법을 지향하며 소그룹 워크숍 형태로 진행

강사 : 이대희 목사와 현직 성서학 교수와 현장 성경전문 강사

장소 : 바이블미션
서울시 송파구 가락동 96-5(지하철 8호선 가락시장역)

신청 : 개강 1주일 전까지 선착순 접수(담당 : 채금령 연구간사)

문의 : 바이블미션–엔크리스토 성경대학(010-2731-9078, 02-403-0196)
(홈페이지 www.bible91.org)